RECUEIL

DES

USAGES RURAUX

DE

L'ARRONDISSEMENT DE MAYENNE

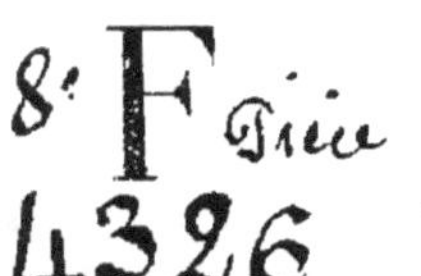

*Ces Usages ont été adoptés par la Commission
de l'Arrondissement de Mayenne, instituée par
M. le Préfet, le 1er Décembre 1899*

MAYENNE

POIRIER FRÈRES, IMPRIMEURS, ÉDITEURS

RECUEIL

DES

USAGES RURAUX

DE

L'ARRONDISSEMENT DE MAYENNE

Ces Usages ont été adoptés par la Commission de l'Arrondissement de Mayenne, instituée par M. le Préfet, le 1er Décembre 1899

MAYENNE

POIRIER FRÈRES, IMPRIMEURS, ÉDITEURS

INTRODUCTION

En 1899, M. le Préfet de la Mayenne a pris l'arrêté suivant :

Nous, Préfet de la Mayenne, Chevalier de la Légion d'Honneur,

Vu le vœu émis par l'assemblée générale du Syndicat des agriculteurs de la Mayenne dans sa séance du 21 Janvier 1899, au sujet de la révision et de la codification des usages ruraux du département,

Vu la délibération en date du 23 août suivant par laquelle le Conseil Général nous a invité à nommer une commission chargée de préparer un travail qui devrait lui être soumis ultérieurement,

Vu les propositions de Messieurs les Sous-Préfets,

Arrêtons :

Sont nommés membres de la Commission chargée d'étudier et de codifier les usages ruraux du département,

. . . .

Arrondissement de Mayenne

Messieurs :

MARTIN, conseiller général du canton d'Ambrières, vice-président de la société d'agriculture de Mayenne,

JANVIER, conseiller général du canton de Bais,

GODEFROY, conseiller général du canton de Couptrain,

RENAULT-MORLIÈRE, député, conseiller général du canton d'Ernée,

Le duc D'ABRANTÈS, conseiller général du canton de Gorron,

LEBLANC, *conseiller général du canton du Horps, président du comice agricole du Horps,*

TAILLANDIER, *conseiller général du canton de Landivy, président du comice agricole de Landivy,*

MÉZANGE, *conseiller général du canton de Lassay, président du comice agricole de Lassay,*

CHABRUN, *conseiller général du canton est de Mayenne,*

DENIS, *sénateur, président du conseil général.*

BODEREAU, *conseiller général du canton de Villaines-la-Juhel,*

DÉRIBÉRÉ-DESGARDES, *député, ancien procureur de la République,*

BIDAULT, *président du comice agricole de Mayenne,*

DOITTEAU (JULES), *président du comice agricole de Villaines-la-Juhel,*

DAVOUST, *président du comice agricole de Bais,*

COIGNARD, *président de la Société d'agriculture de Mayenne,*

Le Général RENAULT-MORLIÈRE, *président de la Société pomologique d'Ernée,*

Le Président du Tribunal civil de Mayenne,

Le Procureur de la République de Mayenne,

LINTIER, *maire de Mayenne, vice-président du syndicat des agriculteurs de la Mayenne,*

Les Juges de Paix des 12 cantons de l'arrondissement de Mayenne,

LEBRETON, *maire de Lassay, membre de la Chambre consultative d'agriculture,*

BANSAIS, *expert agricole, maire de Larchamp, membre de la chambre consultative d'agriculture,*

DUBOIS, *notaire à St-Martin-de-Connée, président de la chambre des notaires.*

Laval, le 1ᵉʳ Décembre 1899.

Le Préfet, Signé : E. SEIGNOURET

En exécution de cet arrêté, la Commission centrale du département est réunie à Laval le 22 Janvier 1900,

Après échange de nombreuses observations entre divers membres de la commission, les décisions suivantes sont prises à l'unanimité :

Constitution de trois commissions d'arrondissement ;

Subdivision de ces trois commissions en commissions cantonales ;

Les Présidents des tribunaux de première instance seront respectivement présidents de la Commission de leur arrondissement, les juges de Paix, des commissions de leur canton ;

Chaque commission aura à rechercher et constater les usages ruraux existants ; à cet effet, elle pourra s'adjoindre, avec voix consultative ou même délibérative, les experts ou telles personnes dont le concours lui paraîtra nécessaire pour mener à bien l'œuvre entreprise.

Le président, Signé : E. Seignouret.

Le secrétaire-général, Signé : Leizour.

La Commission de l'arrondissement de Mayenne se réunit le 30 avril 1900, sous la présidence de M. Bernardeau, *président du Tribunal Civil de Mayenne.*

Sont présents :

Messieurs Martin, Godefroy, Leblanc, Chabrun, *conseillers généraux* ; Le Carpentier, *procureur de la République ;* Bidault, Coignard ; *les Juges de Paix de Mayenne-Est, Mayenne-Ouest, Ambrières, Bais, Couptrain Ernée, Lassay, Pré-en-Pail, et Villaines-la-Juhel ;* Garnier, *suppléant du Juge de Paix de Gorron.*

Les Juges de Paix de l'arrondissement sont invités à réunir en commission, sous leur présidence, les personnes de leur canton désignées dans l'arrêté de M. *le Préfet du 1er Décembre 1899 et de recueillir les usages ruraux de leur circonscription.*

La Commission choisit dans son sein les membres d'une Sous-commission chargée d'étudier les divers travaux des Commissions cantonales, d'en rapprocher les éléments pour parvenir autant que possible à leur codification.

Sont nommés membres de cette Sous-commission, Messieurs LEBLANC, JANVIER, COIGNARD, BIDAULT, *et le Juge de Paix du Canton Est de Mayenne.*

Cette Sous-commission d'Arrondissement se réunit le 25 mai 1901. Elle choisit pour secrétaire M. JANVIER, *Conseiller Général, et pour rapporteur* M. GROSSE-DUPERON, *Juge de Paix du canton de Mayenne-Est.*

Après examen des travaux des Sous-commissions cantonales, la Sous-commission d'arrondissement dressa un projet de codification des usages ruraux de l'arrondissement de Mayenne.

Le 17 Juin 1901, la Commission d'arrondissement se réunit de nouveau au Palais de Justice de Mayenne, sous la présidence de M. BERNARDEAU, *président du Tribunal Civil.*

Sont présents :

Messieurs,

PEIGNÉ, *procureur de la République ;*

GROSSE-DUPERON, *Juge de Paix à Mayenne.*

GODEFROY, *conseiller général, président de la Chambre des notaires ;*

LEBRETON, *ancien conseiller général, président du comice de Lassay ;*

ANTONIN COIGNARD, *président de la Société d'agriculture, directeur de l'école de Beauchêne.*

BIDAULT, *président du comice de Mayenne.*

GUÉRANGER, *président du comice de Couptrain, Juge de Paix dudit canton.*

DUPRÉ, *Juge de Paix à Mayenne.*

RENAULT, *Juge de Paix à Ernée.*

CONSTANT, *Juge de Paix à Ambrières.*

ANGIBAULT, *Juge de Paix à Bais.*

SOULARD, *Juge de Paix à Lassay.*

LECOUTEUX, *Juge de Paix à Pré-en-Pail.*

Valette, *Juge de Paix à Gorron.*
Chaumezière, *Juge de Paix au Horps.*
Bansais, *expert à Larchamp.*
Janvier, *Conseiller général à Bais.*
S'étaient excusés : Messieurs Denis, Renault-Morlière, Déribéré-Desgardes, Taillandier, Gauthier *et* Bidois.
M. Janvier *est choisi comme secrétaire.*
M. Grosse-Duperon, *donne lecture de son rapport. Il est conçu dans les termes suivants :*

Messieurs,

Lors de votre réunion du 30 avril 1900, vous avez désigné une Sous-Commission, de cinq membres, chargée de vous présenter un projet de révision des Usages ruraux de l'arrondissement de Mayenne. M. Janvier, conseiller général du canton de Bais, en a été nommé secrétaire et dépose ce projet sur le bureau.

Comme rapporteur j'ai moi-même l'honneur de vous donner quelques explications destinées à vous faire connaître dans quel esprit ce travail a été élaboré.

Votre Sous-Commission, Messieurs, avait pour mission de s'entourer de tous les renseignements utiles et d'étudier les travaux préparatoires des commissions cantonales, afin d'arriver à la codification de nos usages, en exécution de l'Arrêté de M. le Préfet, du 1er décembre 1899.

En prenant cette mesure, le chef de notre Département a eu pour but la correction des usages recueillis, il y a cinquante ans, la constatation de ceux introduits depuis cette époque, et, enfin, autant que possible, leur unification, par une codification unique.

Il ne peut être, en effet, que profitable de voir disparaître certains usages arriérés et regrettables, d'en améliorer un certain nombre, d'ouvrir la porte à quelques nouveaux et d'en faire un code agricole de notre contrée, dans lequel les cultivateurs trouveront des enseignements salutaires, un vade-mecum de leurs devoirs et de leurs droits.

Il semblait que ces desiderata de M. le Préfet fussent si naturels qu'ils ne pussent être contestés. Cependant des objections y ont été faites et il convient de les examiner tout d'abord, pour démontrer à quel point elles sont peu fondées.

On a dit :

1° Vous voulez réviser, mais cela ne se peut : vous ne devez supprimer aucuns usages, lors même qu'ils paraîtraient nuisibles, ni corriger ceux qui seraient défectueux, ni en introduire de nouveaux.

2° Vous entendez « codifier », mais ce sera « légiférer » et partant illégal. Il n'appartient à personne de créer des usages nouveaux, d'en importer, de modifier, en quoique ce soit, ceux qui existent.

Nous usons des termes mêmes dont on s'est servi, pour formuler ces objections, et l'on ne nous reprochera pas de les esquiver et de ne point faire front aux obstacles.

Et l'on ajoutait finalement : « Il ne faut que « constater les usages dans leur diversité et ne « rien changer, tout au plus les classer en deux « catégories, qui comprendront, la première, les « us universellement admis, et la seconde, ceux « qui ne sont pas généralement adoptés. »

Votre Commission n'a pas cru devoir s'arrêter à ces objections, parce qu'elles ne sont que spécieuses, comme vous allez le voir.

Des modifications se produisent incessamment, en agriculture comme dans l'industrie, et tous les procédés d'hier ne peuvent être ceux de demain. Il y a des méthodes vieillottes et défectueuses, qui tombent en désuétude lentement, trop lentement parfois ; et, parce qu'elles demeurent encore employées par quelques cultivateurs, votre Sous-Commission eût dû les maintenir ? Loin de là. Elle n'a pas hésité à les faucher : ce qui était contraire au bien général a été abattu. L'archéologue pourrait en prendre note, pour étudier les diverses phases par lesquelles l'agriculture a passé et se rendre compte des conditions successives de la classe agricole dans notre contrée. Pour nous, nous n'avons pas voulu nous attarder dans ces ornières et, mûs de l'esprit de la fin du siècle qui vient de s'écouler, pratique et scientifique, nous nous sommes efforcés d'extirper les mauvaises racines que l'ignorance ou la routine de nos cultivateurs avaient laissé et laissent encore pousser dans le champ de leurs habitudes.

Parmi les anciens usages, il y en a qui n'étaient qu'à améliorer, à corriger, à rectifier. Ceux-là ont été élagués avec discrétion, en prenant pour guide la pratique des bons cultivateurs. Ils avaient des branches gâtées ou sans sève, dont on ne pouvait attendre de fruits, et nous nous demandons vraiment quels motifs sérieux on pourrait alléguer pour les conserver autrement que comme des bois secs, bons à mettre au feu.

Nous avons aussi admis de nouveaux usages. Il est utile de s'entendre sur ces mots « nouveaux usages ». Il n'est pas venu à la pensée de votre Commission d'importer des usages étrangers, que ne connaissent pas nos cultivateurs, qui seraient contraires à leurs habitudes et pourraient ne convenir ni à leurs mœurs, ni à nos terres, ni à notre climat.

Toutefois, elle doit avouer que, lorsqu'elle a trouvé de nouveaux usages, déjà appréciés par d'excellents cultivateurs, elle n'a pas hésité à leur faire accueil. Leur seul titre d'usages modernes ne pouvait suffire pour les écarter. Le bon nouveau ne doit-il pas toujours remplacer l'ancien, lorsque celui-ci est mauvais ou médiocre. Il n'y a là qu'une progression naturelle qu'on doit encourager.

C'est ainsi que nous avons compris la révision projetée. Votre Commission ne pouvait, en effet, avoir pour mission de rappeler des usages nuisibles, de les perpétuer en quelque sorte, et, par ailleurs, de renoncer à l'amélioration de quelques-uns d'entre eux, à l'admission d'usages nouveaux, sous le prétexte qu'ils n'existaient pas de temps immémorial. Autrement, elle eût fait œuvre morte, enchaîné nos cultivateurs à des coutumes désastreuses, arrêté chez eux tout progrès.

Loin de nous la pensée de faire fi du passé. Il est souvent recommandable, et le maintien dans notre travail de la grande partie des usages précédents, témoigne des égards que la plupart méritaient. Ils ont été respectés. Les autres étaient de mauvais legs de nos ancêtres ruraux, nous y avons renoncé, comme on le fait quand on recueille un héritage qui doit être sans profit ou dont les biens ont une origine véreuse.

Arrivons à ces deux objections : « vous légifé-« rerez ; vous codifierez », nous dit-on.

Ce sont des mots, dont il ne faut pas être dupe.

Peut-on nous accuser de « légiférer » en procédant comme nous l'avons fait, en recueillant les bons usages anciens et nouveaux ? La négative est de toute évidence. Nous n'avons relevé que ceux d'une existence avérée ; nous nous sommes gardés de rien créer. Or, la loi n'a pas ce caractère ; elle impose une règle nouvelle, sanctionnée par la puissance publique, civilement et juridiquement obligatoire.

Donc, nous n'avons pas légiféré.

Est-ce « codifier », au sens propre du mot, de rédiger des usages, de les mettre en ordre, de les classer par chapitres et par numéros ? Un code peut contenir autre chose que des lois. A côté du code civil, du code de procédure, il y a le code de la mode, du bon ton et tant d'autres. Les mots en eux-mêmes ne sont que des signes. Il s'agit de comprendre la pensée qu'ils évoquent. Notre recueil des usages peut dont être appelé un « code », si vous le désirez.

Nous venons d'indiquer dans quel esprit le travail de la Commission a été fait. Il nous reste à vous dire ce qu'il contient :

En réalité, Messieurs, nous n'avons rien innové. Notre rôle a été beaucoup plus modeste. Si vous avez pu croire, par les explications qui précèdent, que nous nous sommes livrés à des changements considérables, vous seriez dans l'erreur. Ces explications pourtant étaient nécessaires, d'abord pour vous renseigner sur la manière dont nous avions compris notre mission, ensuite pour combattre des vues qui nous paraissaient trop étroites et s'éloignaient des intentions manifestées par M. le Préfet.

Le groupe d'usages, qui vous est présenté, contient simplement les usages ruraux, anciens et modernes, admis par les bons cultivateurs. Pour employer une expression de circonstance : « nous nous sommes contentés de vanner les usages, de rejeter les mauvais et de garder les bons, ceux qui, comme le bon grain, doivent servir de semence ». Et le vannage n'a pas été difficile à faire. Un vent de progrès l'avait déjà accompli. Nos articles étaient même à peu près complétement rédigés, et notre tâche s'est presque réduite à celle de compilateurs.

Où étaient donc ces articles tout faits ? En vous indiquant nos sources, nous vous donnerons confiance.

Les anciens usages de l'Arrondissement de Mayenne, réunis par la Commission de cet arrondissement, le 15 janvier 1856, contiennent un certain nombre d'articles, qu'on peut nommer primordiaux : ils n'ont pas varié. En les lisant, nous avons été frappés de la timidité des commissaires d'alors ; ils semblent avoir craint les nouveautés, un peu comme nos adversaires d'aujourd'hui. En agriculture, le succès favorise rarement les audacieux, convenons-en ; toutefois une prudente hardiesse n'y messied point et donne souvent d'heureux résultats.

Aussi, qu'est-il advenu du travail de la Commission de 1856 ? C'est que, moins de dix ans après, en 1864, la Société d'Agriculture de l'Arrondissement, le trouvant insuffisant, voulant rompre la routine, sortir nos cultivateurs de leur léthargie, dictait de nouveaux usages, plus conformes au progrès ; et, ce qui est remarquable, ces usages, modifiés encore en 1880, étaient si bien appropriés aux besoins et aux mœurs de la contrée qu'on peut dire aujourd'hui qu'ils sont généralement appliqués. Nous avons puisé largement dans le recueil de la Société. A part quelques corrections et additions, nous l'avons fait nôtre presqu'en entier. Il était inutile d'en démarquer les articles par une nouvelle rédaction : l'honneur devait en être laissé à la Société d'Agriculture.

Le besoin de réformer les usages, d'en introduire de nouveaux et de les unifier, pour le bien des agriculteurs, est tel, que l'année dernière, les experts de l'arrondissement de Mayenne nommaient entr'eux une commission chargée de parfaire ceux de la Société d'Agriculture, et cette commission rédigeait, pour la gouverne de ces praticiens, une sorte de coutumier. Celui-ci ne diffère pas notablement du recueil de la Société, mais le complète, le met à jour en quelque sorte. Ce travail des experts joint à bien d'autres qualités celles que donnent l'expérience d'hommes versés dans l'art de la bonne culture et constamment aux prises avec ses difficultés. Là encore, nous avons pu glaner de bons épis.

Enfin nous avons mis à profit les travaux des sous-commissions cantonales, qui renfermaient surtout des éléments précieux de comparaison et de vérification. La plupart sont conçus avec réserve, mesure, pondération, comme on pouvait l'attendre de réunions d'agriculteurs connaissant à fond les questions qu'ils avaient à traiter. Elles étaient, en outre, dirigées par les Juges de Paix, mes honorables collègues, dont je louerais le zèle et la compétence, si je n'étais des leurs. Ces travaux ont été d'une grande utilité.

Quelques-unes des sous-commissions ont témoigné d'une réserve excessive, d'autres se sont montrées quelque peu réformatrices. Elles ont supprimé des articles dans le but d'alléger les charges des fermiers, au détriment des propriétaires. Nous n'avons pu y voir que des intentions sorties de cœurs généreux, qui oubliaient peut-être trop que l'honnêteté passe avant la libéralité, et, qu'avant d'être bon, il faut être juste. Tant que la propriété sera constituée sur les bases actuelles, elle doit être respectée. Enlever au propriétaire une partie de ses droits, bien établis par des usages que le temps a confirmés, ne serait ni légal, ni équitable ; votre commission ne pouvait se livrer subrepticement à une sorte de petite expropriation et ne l'a pas fait. Elle a mis dans les plateaux d'une même balance les intérêts du propriétaire et du travailleur des champs, sans les faire pencher ni d'un côté, ni de l'autre. Il est possible de trouver dans les usages des services qui semblent pénibles pour le cultivateur, mais aucun ne porte atteinte à la dignité humaine et tous, dans leur ensemble, correspondent pour lui à des avantages. Pour apprécier sainement les devoirs et les droits du propriétaire et du fermier, il est nécessaire de se souvenir sans cesse que le premier est maître de son patrimoine, peut le faire exploiter aux conditions qui lui conviennent, en se conformant aux lois, et que le second est libre de ne pas accepter les obligations qu'on veut lui imposer.

Le recueil de la Société d'Agriculture, de 1880, et celui des experts, qui n'est que d'hier, quoique l'un et l'autre de dates récentes, contiennent véritablement la somme des usages anciens et nouveaux, qui sont maintenant la règle de nos cultivateurs, et nous les avons, comme on vient de le dire, presque tous adoptés. Qu'attendrait-on pour les reconnaître ? car il faut en revenir toujours à cette question d'antiquité. Presque tous ont plus de 20 ans d'existence, ce qui est une majorité. Veut-on qu'ils aient vieilli ? C'est assez vraiment qu'ils existent, d'une manière certaine, pour que vous ne les reteniez pas en lisière. La vieillesse ne leur donnerait pas plus de vie. En ne travaillant que dans le vieux, pardonnez-moi cette expression familière, vous ne feriez qu'une œuvre mauvaise et rétrograde, sans compter que vous marqueriez, de suspicion des usages généralement admis par les praticiens et que vous feriez naître des doutes, des contestations fréquentes et de nombreux procès.

Il a été dit : Les usages anciens et nouveaux que vous aurez ainsi codifiés ne seront pas acceptés par l'ensemble des cultivateurs et n'auront point le caractère d'universalité qui leur donnerait force de loi. La réponse est facile. Le suffrage universel n'a d'abord rien à voir dans cette affaire. Le nombre des cultivateurs, qui continuent des errements mauvais, ne saurait donner d'autorité à leurs pernicieux usages. Cette autorité ne peut venir que de ceux dont la culture est rationnelle, qui ont des habitudes sanctionnées par le bon sens, et qui sont à la recherche des bonnes méthodes. Ces derniers n'ont pas besoin d'être en majorité pour imposer leurs usages ; la vérité et l'erreur, en cela comme en tout autre matière, ne sont jamais jugées par le nombre de leurs adhérents.

Quant à avoir force de loi, nos usages ruraux, qu'on les désigne sous le titre de « code » ou de « recueil », ne pourront jamais la posséder : personne ne l'ignore. Du reste, aucun recueil d'usages n'a eu et n'aura ce caractère et n'obligera les juges à en appliquer les articles servilement, sans vérification et contrôle. Ils ne s'appuieront pas plus sur le vôtre qu'ils n'ont pu le faire précédemment et ne seront point, avec raison, sans examiner si, dans les espèces qui leur seront présentées, il convient de les agréer. Les usages ressemblent à des sables un peu mouvants ; l'assiette de beaucoup d'entre eux est changeante, et elle doit l'être, à peine de les figer dans la routine. Ils suivent une évolution normale, nécessaire. Toutefois vous pouvez, messieurs, fournir pour le temps présent une sorte de code, où les magistrats trouveront un résumé des bons usages actuels et qui servira à éclairer leurs décisions. Sans dépasser la mesure, nous croyons pouvoir même ajouter que, dans la majeure partie des cas, les usages, que vous colligerez, feront autorité pour eux, car on n'ignorera pas les garanties qu'ils présenteront. Les magistrats sauront que le recueil qui les contiendra a été composé par des hommes que signalaient au choix de M. le Préfet leur science et leur expérience, comme leur connaissance des besoins et des mœurs de notre contrée.

Un scrupule tardif nous est venu. Nous nous sommes demandés si les usages proposés à vos appréciations et à vos critiques, qui ne sont pas absolument admis dans tous les cantons, ne causeraient pas une certaine perturbation. Les conséquences en ayant été mûrement pesées, nous pouvons hardiment répondre, non. Lorsque les usages ruraux de l'arrondissement de Mayenne furent publiés en 1856, ils ne contenaient certes pas un résumé des usages de tous nos cantons et pourtant aucun trouble ne s'ensuivit : les vôtres auront le même sort. Ne sont-ils pas en quelque sorte acceptés à l'avance, puisqu'on n'y trouvera guère que la reproduction des Usages de la Société d'Agriculture, qui, depuis longtemps, ont pénétré partout, que nos cultivateurs connaissent, apprécient et agréent, et qu'appliquent les experts du pays. Sans doute, quelques retardataires, des réfractaires à toute nouveauté, des enlisés dans le sillon tracé par leurs pères, verront régler leurs errements d'un autre âge par des indemnités à leur profit ou contre eux ; leur résistance sera vite vaincue. Ils seront acheminés par vous, malgré eux, vers un progrès, dans lequel sont déjà vaillamment entrés les cultivateurs intelligents. Veuillez remarquer qu'ils pourront toujours se soustraire à vos usages, car il leur sera loisible de faire des baux à leur guise. Vous ne porterez pas atteinte à leur liberté. Le propriétaire, invoquant le vieil adage romain, le droit d'user et d'abuser « jus utendi et abutendi », pourra garder le genre d'exploitation anormal qui lui conviendra. Mais l'intérêt, Messieurs, est un stimulant puissant pour le propriétaire comme pour le fermier, et ils feront l'un et l'autre bon accueil à votre code, parce qu'ils y trouveront, des usages mûris et pratiqués, qui ne les choqueront pas et contribueront à leur prospérité.

Après lecture de ce rapport, le projet de codification élaboré par la Commission d'arrondissement est examiné et discuté, puis adopté à l'unanimité.

Le procès-verbal est signé :

Le Président, R. BERNARDEAU.

Le Secrétaire, A. JANVIER.

Usages Ruraux

Chapitre Premier

USAGES APPLICABLES AUX DEUX MODES D'AFFERMAGE

SECTION I. — Durée du Bail. — Entretien de la chose louée. — Obligation du preneur.

Art. 1. — On distingue deux modes d'affermage, à prix d'argent et à colonage partiaire.

Le bail commence généralement le vingt-trois Avril pour finir à pareille époque, quelquefois le vingt-trois Octobre pour prendre fin à cette date.

Dans le cas où ces jours tombent un Dimanche, un jour férié ou un jour de foire locale, le déménagement et l'emménagement n'ont lieu que le lendemain.

Les usages qui suivent ne concernent que les baux commençant et finissant le vingt-trois Avril.

Pour ceux du vingt-trois Octobre, on suit les usages de l'arrondissement de Laval, sauf ce qui est dit ci-après à l'article 46.

Art. 2. — Le bail à ferme ou à colonage partiaire ne comprend ni le droit de chasse, ni le droit de pêche, même des écrevisses. Ces droits ne sont point attachés aux biens affermés ; ils appartiennent exclusivement au propriétaire qui peut en disposer à son gré.

Le fermier et le colon doivent entretenir les lieux loués en état de bonne culture et de réparations dites locatives.

Ces réparations comprennent, outre celles spécialement désignées dans l'article 1754 du Code Civil et autres analogues, celles ci-après :

1º Le raccord des enduits et des joints, le blanchiment intérieur des pièces servant à l'habitation, cuisine, chambres, cabinets, celliers, etc.

2º L'entretien de l'aire à battre les grains, du pavage ou du carrelage, des caves, rez-de-chaussée étages et greniers des bâtiments, y compris celui des loges et hangars.

3º L'entretien seulement des crèches, auges, râteliers et instruments servant au brassage du cidre ; la façon et l'entretien des échelles, barrières et échaliers, le tout avec le bois fourni sur pied par le propriétaire.

4º L'entretien du pavage des fours, fosses à purin et des couvertures en paille, posées à la fourche.

5º L'entretien des bouches d'écoulement des eaux, des drains, nocs et dalots, quels que soient leur mode d'installation et leur état.

6º L'entretien des cours et chemins, servant à l'exploitation et à l'accès des immeubles loués. Les pierres éparses des champs doivent être employées à cet usage ; si ces pierres sont de mauvaise qualité ou insuffisantes, le fermier ou colon est tenu d'aller en chercher d'autres dans un rayon de cinq kilomètres. Dans ce dernier cas, le propriétaire paie la pierre, la fait casser à ses frais et le fermier ou colon l'étend.

7º L'entretien des haies et fossés de manière à maintenir les clôtures en bon état et à faciliter l'écoulement des eaux.

ART. 3. — Les fossés et la bande de terre nommée relai, pas de bœufs ou sabotée, laissés le long des fossés pour soutenir les terres de l'héritage voisin, ont ensemble une largeur de un mètre, affèrent pour quatre-vingt-trois centimètres à l'ouverture du fossé et pour dix-sept centimètres au relai. On mesure cette largeur de un mètre sur une ligne droite et horizontale, tirée du parement de la haie au niveau du sol de l'immeuble contigu. Bien entendu, les fossés et leur relai sont une dépendance du sol sur lequel se trouve la haie ou rejet de terre.

Art. 4. — En cas de suppression de la clôture, le pas de bœuf revient de droit au propriétaire du fossé ; mais tant qu'elle existe, l'usage en permet le parcours et le pâturage exclusif au propriétaire limitrophe.

Art. 5. — Le fermier ou colon doit tremper la soupe aux ouvriers de tous états, employés aux réparations, réfections et constructions nouvelles jugées utiles, sans autre indemnité que celle des copeaux, menus branchages et cimes des bois travaillés. Si ces bois utilisés n'ont point été pris sur la ferme et y arrivent équarris, le fermier ou colon n'en doit pas moins le trempage de la soupe, mais à charge d'indemnité par le propriétaire.

Lorsqu'il ne s'agit que de réparations d'entretien, le fermier est tenu de fournir aux ouvriers de tous états, outre le trempage de la soupe, des menues denrées à manger avec le pain.

En cas d'incendie de tout ou partie des bâtiments de la ferme, il n'est dû par le fermier, à moins d'en être indemnisé, ni trempage, ni denrées aux ouvriers employés aux réparations, réfections et constructions nouvelles.

Art. 6. — Le fermier ou colon doit, sans salaire et avec ses harnais, l'approche à pied d'œuvre de tous les matériaux nécessaires aux travaux compris dans l'article précédent.

Tout fermier sortant a droit à une indemnité à raison des charrois qu'il a faits, pour les grosses réparations, réfections et constructions nouvelles dans les douze mois qui précèdent sa sortie, s'il est à colonie partiaire et dans les deux ans s'il est à ferme.

Art. 7. — Le propriétaire peut exiger, chaque année, du fermier ou colon partiaire le charroi de tous les bois de chauffage abattus sur la ferme, nécessaires à sa consommation, sans toutefois que la distance du transport puisse dépasser deux myriamètres.

Art. 8. — Le fermier doit employer à l'amélioration de sa ferme les foins, pailles, fourrages de toutes espèces, litières et engrais quelconques qui y sont produits, ainsi que les cendres et charrées, sans pouvoir en enlever ni en vendre, même à sa sortie [1].

SECTION II. — Labours

Art. 9. — Les labours destinés aux froments et seigles doivent être terminés au trente Juillet, à l'exception de ceux faits sur trèfles de l'année.

Les labours destinés aux grains de printemps doivent être terminés avant le trente-et-un Janvier.

SECTION III. —Assolements. — Ensemencements. — Récoltes

Art. 10. — Suivant l'assolement adopté, le tiers, le quart ou le cinquième des terres arables doivent être ensemencés en froment, méteil ou seigle.

Cet ensemencement doit être terminé le trente Novembre et ne peut être fait dans des champs

[1] Le fermier ne peut cultiver de terres étrangères à son exploitation, même celles qui lui appartiennent, sans le consentement exprès et par écrit du propriétaire. (V. décision postérieur, page 43).

ayant produit dans l'année une récolte de grains autres que le sarrasin.

Mais, dans aucun cas, il ne peut être récolté de suite plus de deux céréales, l'une d'hiver et l'autre de printemps, et il ne peut non plus être fait dans la même pièce de terre plus d'une récolte de grains d'hiver par assolement.

Les rigoles de desséchement conduisant les eaux dans les fossés, doivent être pratiquées et entretenues avec soin dans chaque pièce de terre ensemencée.

Art. 11. — Du premier Mars au premier Mai, suivant le mode d'assolement adopté, il ne peut être ensemencé plus des deux neuvièmes, du quart ou du cinquième des terres arables en orge ou en avoine de printemps.

Aux semences d'orge ou d'avoine doivent être mêlées en quantité suffisante des graines de trèfles, ray-grass ou autres plantes fourragères.

Il ne peut être semé de trèfle dans la même pièce de terre que tous les six ans.

Il ne peut être récolté de graines de ray-grass que pour les ensemencements de la ferme et seulement de seconde coupe.

Art. 12. — Il ne peut être consacré à la culture du sarrasin que le tiers ou la moitié au plus de l'ensemencé des blés d'hiver. Il est semé du quinze Mai au quinze Juin.

La culture des lins et chanvres ne peut exéder le douzième des terres labourables.

Art. 13. — Avant le vingt Octobre doivent être semés des coupages, proportionnellement au nombre des bestiaux nourris sur la ferme.

En outre, au cours du printemps, doivent être semées d'autres plantes et racines fourragères, telles que vescerons, maïs, choux, pommes de terre, betteraves, carottes, etc..., de manière que les fourrages artificiels de toute nature d'hiver et d'été, non compris les trèfles, occupent au moins le neuvième, le septième ou le cinquième des terres arables.

Les friches et closeaux seront compris dans l'assolement seulement quant ils dépasseront en surface la centième partie de la terre labourable ; les autres seront spécialement destinés à la culture des plantes fourragères.

Art. 14. — La quotité de semence, par hectare, doit être de deux hectolitres pour les froments, seigle, orge et avoine, et d'un demi-hectolitre pour le sarrasin.

Art. 15. — La mesure des champs comprend les haies qui en dépendent.

Art. 16. — Les terres destinées à la culture des grains d'hiver doivent être convenablement fumées avec les fumiers de la ferme ou des engrais étrangers et amendées par vingt-quatre hectolitres de chaux par hectare.

Cette chaux devra être éteinte dans les curures des fossés, terres écobuées et empruntées au pourtour des champs. Le terreau provenant de ce mélange avec la chaux devra être remué au moins deux fois. Il ne devra jamais être mêlé avec le fumier de ferme ou épandu pour la façon du grain, qu'autant que l'enfouissement de la chaux, pour être éteinte, aura eu lieu depuis deux mois au moins, de telle sorte qu'elle ait perdu sa causticité naturelle.

L'écobuage du pourtour des champs dont il vient d'être parlé ne peut être pratiqué qu'à deux mètres du sommet des haies, afin de ménager les racines des arbres et les jeunes pousses.

Il ne peut non plus être pratiqué dans l'intérieur des champs où il aurait l'inconvénient de créer des excavations nuisibles à l'écoulement des eaux.

La chaux pourra être remplacée par des engrais ou amendements étrangers à la ferme, et d'une valeur équivalente fixée d'ores et déjà à un minimum de un franc vingt-cinq centimes l'hectolitre.

ART. 17. — Le fermier entrant devra assister ou quelqu'un pour lui, à l'épandage des engrais chimiques destinés à remplacer la chaux dont il vient d'être parlé, et ce dans le but d'en assurer la mise en terre.

ART. 18.— Les sarrasins doivent être fumés, soit au moyen de cinq hectolitres de noir animal ou de vingt hectolitres de charrée, soit au moyen de dix hectolitres de poudrette ou d'engrais de valeur équivalente, par hectare.

ART. 19. — Toutes les récoltes doivent être sarclées et débarrassées de toutes plantes parasites, le seigle du quinze Mars au quinze Mai ; le froment du quinze Mars au quinze Juin ; les orges et les avoines avant le trente Juin.

Le fermier ne doit pas laisser au pied des haies, dans le pourtour des champs, les mauvaises plantes arrachées ou coupées. Ainsi abandonnées, elles ne seraient qu'imparfaitement détruites; il doit dont les enlever, les brûler ou les enfouir, de telle sorte que leurs graines et racines ne puissent reproduire.

ART. 20. — Les chaumes doivent être coupés et mis en tas avant le premier Novembre.

SECTION IV. — Prairies

ART. 21. — La clôture des prés est fixée au premier Décembre.

ART. 22. — La coupe des prairies naturelles ou artificielles se pratique aussitôt que les plantes sont en pleine floraison ; elle doit se faire le plus ras possible à peine de dommages-intérêts.

Art. 23. — Tous les prés, sans distinction, doivent être convenablement fumés à tour de rôle par tiers, chaque année.

Les ruisseaux quelle que soit leur destination sont constamment entretenus par le fermier.

Les rigoles d'irrigation, dites saignées, demeurent seules à la charge du fermier entrant.

Les terres provenant du curage des ruisseaux sont réunies et travaillées convenablement, dans un délai qui ne peut dépasser le quinze Janvier de chaque année ; cette obligation incombe au fermier, même l'année de sa sortie.

On joint à ces curures :

1° Les déchets du battage des grains, après qu'ils ont séjourné comme foulage dans les étrages ou chemins, mais jamais dans les étables ou écuries.

2° Tous les fumiers faits sur la ferme du premier Novembre au trente-et-un Décembre, de façon à former un compost que le fermier épand l'année suivante, du premier Juillet au premier Décembre, sur la partie destinée à le recevoir.

Pour aucun motif, les déchets du battage ne sont employés dans les champs.

Les ornières creusées par le passage des attelages et des charrettes sont soigneusement remplies et semées après la clôture des prés.

Les prés fumés ne doivent recevoir la première année qu'un arrosement très modéré.

Les terres des taupinières et fourmilières doivent être régalées. Les taupes doivent être détruites, quand par leur nombre elles deviennent nuisibles.

Si les engrais, dont il vient d'être parlé, n'étaient pas suffisants pour fumer le tiers des prés de la ferme, des engrais étrangers doivent être achetés par le fermier sortant pour compléter cette fumure.

Une fois converties en prairies naturelles, les terres de labour sont assimilées aux anciens prés de la ferme.

SECTION V. — Plantations

Art. 24. — Le fermier doit entretenir une pépinière de huit poiriers ou pommiers par hectare de terre labourable.

Les sujets sont fournis par le propriétaire.

Le terrain affecté à cette pépinière, qui sera renouvelé tous les huit ans, doit être défoncé à cinquante centimètres de profondeur ; il doit chaque année, au printemps, être recouvert de chaume ou de feuilles.

Chaque année, aux endroits indiqués par le propriétaire, le fermier doit planter un sauvageon par hectare, dans des fosses ayant au moins un mètre cinquante centimètres de diamètre sur soixante-six centimètres de profondeur.

Lorsqu'il n'y a pas dans la pépinière de la ferme de bons sauvageons à planter, le fermier ou colon est tenu d'aller à une distance qui ne peut dépasser vingt kilomètres chercher les arbres fruitiers que le propriétaire désire faire planter.

Art. 25. — Les sauvageons transplantés doivent être garnis d'épines et de tuteurs, tant qu'ils n'ont pas atteint vingt-cinq centimètres de circonférence à un mètre du sol.

Art. 26. — Le fermier ne peut ni planter, ni greffer aucune espèce d'arbres, sans l'agrément du propriétaire.

Celui-ci, au contraire, peut, mais à ses frais et pourvu qu'il n'en résulte ni dommage ni difficulté pour l'exploitation, faire telles plantations que bon lui semblera.

Art. 27.— Chaque année, avant le premier Janvier, la terre doit être béchée autour de chaque arbre fruitier, à une distance de soixante-six centimètres au moins et avant le quinze Mars ; le gui et les autres plantes parasites doivent être enlevés, les gourmands coupés et les rejetons portant racine arrachés.

SECTION VI. — Coupe des bois

Art. 28. — Tous les bois à émonder sur les haies, quelle que soit leur essence, doivent être coupés rez le tronc, par sixième, huitième ou dixième suivant le mode d'assolement adopté.

Le fermier doit les prendre de rang, tous à la fois sur la même haie, sans pouvoir toutefois couper le bois taillable sur les parcelles qui doivent rester en pâture.

Art. 29. — Les saules et aulnes isolés ou formant une clôture doivent être coupés à quatre ans et par quart chaque année.

Les bois à émonder sur les haies des jardins peuvent être coupés chaque année si le fermier ou le colon le désire.

Les haies d'épines sont coupées tous les trois ans.

Art. 30. — En ce qui concerne les ajoncs, il y a lieu de distinguer entre ceux qui sont plantés sur les haies et ceux semés dans une parcelle comme culture spéciale.

La coupe des premiers a lieu comme celle des autres bois de haies, mais avec cette distinction que le fermier a droit d'en couper les cimes tous les deux ans pour être employées à la nourriture des animaux.

Quant aux ajoncs semés comme culture spéciale, leur coupe a lieu chaque année par moitié et le fermier sortant doit en laisser la moitié à la disposition de son successeur.

Art. 31. — Toutes ces coupes doivent avoir lieu avant le quinze Mars, époque à laquelle les réparations des haies et fossés doivent être terminées.

Les renaissances et les jeunes arbres doivent être ménagés avec soin; ils ne doivent être ni élagués ni étêtés sans l'autorisation expresse du propriétaire.

Art. 32. — Au propriétaire appartient le bois mort et celui qui est détruit par accident.

Art. 33. — Le propriétaire conserve toujours le droit d'abattre tous les arbres que bon lui semble, sauf les arbres fruitiers à moins qu'ils ne soient secs ou morts.

Il ne doit d'autre indemnité au fermier que la réparation des haies et le dommage causé par la chute des arbres aux récoltes en terre.

Les bois donnés par le propriétaire au fermier sont réputés donnés en vue de l'exploitation de la ferme ; en conséquence, s'ils n'ont pas été employés lors de sa sortie, le propriétaire peut les reprendre en remboursant les frais d'abattage et de débit.

SECTION VII. — **Entrée et sortie du fermier**

Art. 34. — Le pacage des prés doit cesser le premier Décembre.

Tous les travaux d'entretien et de fumure sont à la charge du sortant et doivent être terminés avant le deux Février.

L'entrant est chargé de l'irrigation.

Art. 35. — Le fermier sortant doit, dans la dernière année de sa jouissance, se conformer au mode d'assolement par lui adopté. S'il a cultivé par tiers, quart ou cinquième, il ne pourra ensemencer plus du tiers, du quart ou du cinquième de terres arables. Cet ensemencement, qui ne peut être qu'en froment, seigle ou méteil, est fait dans les pièces de terres indiquées par la rotation établie.

Le reste de la terre doit être libre.

Art. 36. — Sur cette partie libre, le fermier entrant a le droit, dès le premier Octobre, d'ensemencer sur chaume en écot de froment, des coupages d'hiver dans le neuvième, le septième ou le cinquième des terres arables, et à partir du premier Janvier, de labourer le terrain indiqué par la rotation précédente, pour faire des grains de printemps dans les limites de l'article 11.

Tous ces travaux y compris la couverture des semailles seront exécutés aux époques indiquées par le fermier sortant (qu'il soit à ferme ou à colonage partiaire) et avec les attelages du lieu, moyennant paiement par l'entrant, d'une somme de trente-cinq francs par hectare pour les ensemencés de coupages et vingt francs pour les labours destinés aux grains de printemps.

En outre, le sortant fait, sans indemnités, le charroi aux lieux ordinaires, des feuilles et bois appartenant à l'entrant ; la mise en tas demeure à la charge de celui-ci.

En compensation de ces divers travaux, les grains d'hiver du sortant, mis en gerbes, lui sont voiturés par son successeur, auquel reste la charge de la mise en barges des pailles au moment du battage. L'entrant peut toujours se réserver d'effectuer lui-même les travaux dont il est question dans cet article, mais il devra avertir à temps, par lettre recommandée, le fermier sortant de son intention à cet égard [1].

Art. 37. — Le battage des grains d'hiver dans les baux soit à prix d'argent, soit à colonage

(1) Lors du battage des grains la paille, à la sortie de la machine, doit être secouée et rangée par le fermier sortant, puis mise en barge par le fermier entrant (V. Décision postérieure, page 43),

partiaire est fait par les chevaux du fermier entrant dans le premier cas, du propriétaire et du colon dans le second cas.

Le sortant fournit la machine et tout le personnel utile et doit une indemnité de quinze francs par hectare de grains battus.

Il conserve toujours la faculté de faire ces travaux avec son propre attelage.

ART. 38. — Le sortant doit semer l'année de sa sortie comme les autres années de sa jouissance, les graines de trèfles, ray-grass ou autres plantes fourragères dans tous les grains de printemps.

Il ne peut, sans aucun prétexte faire pacager les champs ainsi ensemencés, la valeur des graines et de son travail devant lui être remboursée par son successeur au moment de sa sortie.

Le fermier entrant peut modifier cette règle en exprimant sa volonté de faire lui-même ces ensemencés.

ART. 39. — Jusqu'au premier Novembre, le fermier sortant dispose des fumiers de la ferme, pour les besoins de ses ensemencés de grains d'hiver et à partir de cette époque, il cure les étables et écuries, au moins une fois par semaine, transporte les fumiers dans les endroits ordinaires où il les tasse, comme d'usage, jusqu'au premier Janvier, époque à laquelle l'entrant à la charge de cette mise en tas.

Le sortant dispose des déchets du battage après qu'ils ont été employés en foulage dans les étrages ou au-devant des étables, et des fumiers faits du premier Novembre au trente-et-un Décembre, pour les mélanger à ces déchets et aux curures des ruisseaux et fossés afin d'être employés par ces soins à la confection des composts dont le tassement et le brassage demeurent seuls à la charge de l'entrant qui s'en sert pour la fumure de ses prés aux époques indiquées à l'article 23.

Pendant l'hiver qui précède son entrée, le fermier entrant coupe les bois taillables, serre les feuilles et fougères que le sortant met pourrir dans les étrages pour la façon des composts dont il est parlé à l'alinéa précédent. Le bois coupé l'année précédente est la propriété exclusive du sortant, qui peut en disposer à son gré.

Art. 40. — Le fermier sortant doit laisser libre et à la disposition de l'entrant le tiers du jardin.

Les anciens choux appartiennent au sortant qui peut les consommer en totalité.

Art. 41. — Le fermier sortant doit mettre la même quantité de fumier, de chaux ou d'engrais équivalents, dans son dernier ensemencement, que les années précédentes.

Il ne peut prendre de terre ou gazons pour éteindre sa chaux que dans les champs destinés à sa dernière récolte.

Art. 42. — Tout fermier sortant doit laisser à son successeur, sans indemnité, cinquante kilogrammes de foin de bonne qualité par hectare de terre labourable et prés, et cent cinquante kilogrammes de paille blanche par hectare de terre labourable.

Toute quantité moindre que celle indiquée plus haut est payée par le sortant lors de sa sortie.

Dans le cas où le fermier sortant laisse une quantité de foin supérieure à celle indiquée plus haut, l'entrant lui paie une indemnité calculée à raison de dix francs par cinq cents kilogrammes laissés en plus.

Dans les rares endroits où le fermier laisse des chaumes, il est tenu de les faucher, charroyer et barger comme les autres récoltes.

Art. 43. — Le fermier sortant paie les deux tiers des impôts de l'année de sa sortie. Il doit justifier du paiement avant l'enlèvement de sa dernière récolte.

Art. 44. — Il doit l'année de sa sortie se comporter en tout comme s'il devait continuer son exploitation ; c'est sur cette règle que sont jugées toutes contestations à cet égard.

Le fermier entrant, pendant le temps où il vient exécuter les travaux qui précèdent son entrée en jouissance a droit à un logement avec cheminée pour la préparation de ses repas. A défaut d'un, appartement en dehors du logement du fermier, celui-ci doit lui céder une place à son foyer.

Le sortant jouit du même avantage dans la ferme qu'il a quittée quand il y retourne faire sa dernière récolte ; à cette époque, il a droit en plus, à la moitié des loges ou logereaux, hangars existant sur la ferme, pour y tasser ses grains avant et après le battage ; l'autre moitié est à la disposition exclusive de l'entrant.

Art. 45. — Des dommages-intérêts peuvent être réclamés au fermier sortant pour tous abus, dégâts et malversations commis pendant sa jouissance, et notamment pour le cas où il laisserait les terres infestées d'avoine bulbeuse, chiendent et autres plantes parasites.

A moins de conventions écrites, les propriétaires et fermiers qui dérogent aux usages contenus dans ce recueil, sont tenus à payer les dédommagements que comportent leurs agissements. Tous errements autres que ceux relevés dans ces usages et suivis antérieurement à ce jour seront réglés par des indemnités.

Art. 46. — Certaines exploitations, pour des raisons imprévues, peuvent commencer au vingt-trois Octobre tout en devant prendre fin à une époque du vingt-trois Avril. Dans ces conditions l'entrant fait les grains d'hiver et le sortant lui doit l'hospitalité mentionnée dans l'article 44.

Le sortant paie la totalité des impôts de son année de sortie, il doit justifier de ce paiement avant le déménagement et l'enlévement de son bétail.

Il doit laisser libre, à la disposition de l'entrant, les pièces de terre qui, d'après la rotation précédente, doivent être ensemencées en grains d'hiver.

L'entrant emploie pour fumer ce premier ensemencé les fumiers existant sur la ferme, il doit suppléer à la quantité, si elle est insuffisante, par l'acquisition d'engrais étrangers.

Le sortant doit faucher, traiter, charroyer, loger ou embarger tous les foins, mais l'entrant est tenu de lui payer le coût de ces travaux quinze francs les mille kilogrammes.

Le sortant est en outre tenu d'exécuter une partie des travaux que nécessite l'ensemencé d'hiver, savoir :

1o Le charroi des étrages dans les champs des terreaux et des fumiers ;

2o Le transport de la chaux, de l'usine la plus rapprochée dans les tas destinés à la recevoir ;

3o Le brassage de ces tas ;

4o Le premier labour ;

L'entrant paie à son prédécesseur :

1o La chaux ;

2o La somme de trente francs par hectare ensemencé ;

Si le propriétaire remplaçait un colon partiaire par un fermier à prix d'argent, il a droit au quart.

Art. 47. — Pour tout ce qui précède la prescription est acquise par le délai d'un an.

Art. 48. — Lorsqu'un fermier succède à un autre, s'il est fait une montrée ou état de lieux, les frais sont supportés moitié par le fermier entrant et moitié par le fermier sortant.

SECTION VIII. — Des passages

Art. 49. — La largeur des passages non déterminés par des conventions particulières est ainsi fixée :

1° Pour un passage sans détour de voiture avec chevaux ou harnais trois mètres.

2° Si ce passage forme coude, la partie qui dévie de la ligne droite doit avoir cinq mètres trente-trois centimètres.

3° Pour un passage à pied, avec cheval chargé ou non,

Avec civière.

Pour mener les bestiaux au paccage et les ramener ;

Pour aller puiser de l'eau à un puits ou à une fontaine, un mètre cinquante centimètres.

4° Pour un simple passage à pied, un sentier, soixante-dix centimètres.

Chapitre II

USAGES PARTICULIERS
AUX BAUX A PRIX D'ARGENT

Art. 50. — La durée du bail verbal à prix d'argent est de trois, quatre ou cinq ans suivant le mode d'assolement adopté et dont fera foi la déclaration faite à l'enregistrement.

Un congé doit être signifié un an avant l'expiration de toute période.

Le fermier fournit tous les bestiaux, semences et instruments aratoires nécessaires à l'exploitation.

La ferme doit toujours être garnie de bestiaux et d'instruments aratoires en quantité convenable pour sa bonne exploitation, et d'une valeur suffisante pour garantir les droits du propriétaire.

Art. 51. — Le prix de ferme est acquitté en entier le jour de l'expiration de chaque année de jouissance, au domicile du propriétaire ou de son fondé de pouvoir.

Le fermier doit la totalité des impôts ordinaires et extraordinaires, de quelque nature qu'ils soient.

Art. 52. — Toutes les faisances doivent être acquittées dans le cours de chaque année, savoir :

Le beurre du premier Septembre au premier Novembre.

Les oies dans le cours de Décembre.

Les volailles du premier Juillet au premier Janvier.

Chapitre III

USAGES PARTICULIERS

APPLICABLES AUX BAUX A COLONAGE PARTIAIRE

Art. 53. — Le bail verbal à colonage partiaire est d'un an seulement. Pour le faire cesser il est nécessaire qu'un congé soit signifié dix mois à l'avance.

Art. 54. — Le colon fournit la moitié des bestiaux et des semences de toute nature ; il fournit seul la totalité des instruments aratoires, usités dans le pays, nécessaires à l'exploitation.

ART. 55. — Tous les fruits naturels et industriels, sans autre exception que ceux qui sont consommés par le bétail, se partagent par égales portions entre le propriétaire et le colon.

Les volailles de toutes espèces sont comprises dans ce partage, et, en outre, le colon doit fournir, à l'époque indiquée par l'article 52, trois kilogrammes de beurre par vache.

ART. 56. — Le colon exécute à ses frais tous les travaux de culture, d'exploitation et de récolte.

ART. 57. — Le colon paie la moitié de la contribution foncière et la totalité des autres impositions.

ART. 58. — Les bestiaux garnissant la métairie ne peuvent être, sans le consentement du propriétaire, employés à aucun travail étranger à l'exploitation.

ART. 59. — Le colon ne peut, sans le même consentement, vendre ni acheter aucuns bestiaux.

ART. 60. — Il doit également se conformer à la volonté du propriétaire pour l'espèce et la quantité des élèves de toute nature, pour le choix des semences, pour la façon des labours et pour le genre et la quotité des diverses cultures.

ART. 61. — Le propriétaire indique les femelles qui peuvent être saillies, et il a le choix des étalons, sans pouvoir toutefois contraindre le colon à conduire à ses frais les animaux à une distance excédant deux myriamètres.

Le propriétaire paie la moitié des saillies.

ART. 62. — Les veaux ne doivent pas être sevrés avant trois mois.

ART. 63. — Les grains et graines de toute espèce sont convenablement nettoyés au tarare, les lins et les chanvres brayés et teillés, les fruits à couteau cueillis à la main.

S'il existe un pressoir sur l'exploitation, le colon est obligé de faire le cidre du propriétaire à l'époque et de la manière fixée par celui-ci ; s'il n'en existe pas, ce dernier doit payer le prix de location du pressoir pour la façon de son cidre.

ART. 64. — La moitié de tous les produits revenant au propriétaire doit être transportée aux lieux qu'il indique, pourvu que la distance ne dépasse pas deux myriamètres.

Le colon doit, en outre, aller chercher à la même distance les tonneaux destinés à recevoir la part du cidre du propriétaire.

ART. 65. — Le colon doit conduire à ses frais, aux foires et marchés désignés par le propriétaire, les animaux destinés à être vendus, et remettre à celui-ci, à son domicile, la moitié du produit de la vente. Les droits de péage sont supportés en commun.

ART. 66. — Le colon doit, dans l'année de sa sortie, si le propriétaire l'exige, faire convenablement : 1º avant le premier Octobre tous les labours et hersages nécessaires pour les coupages ; 2º avant le quinze Février, les labours pour les grains du printemps, en se conformant, tant pour la quotité que pour la rotation, à l'assolement suivi sur la métairie pendant les années précédentes.

Pour prix de ces travaux, le fermier entrant lui paiera trente-cinq francs par hectare dans le premier cas et vingt francs dans le second.

ART. 67. — Les salaires du vétérinaire, de l'affranchisseur et du taupier sont payés à frais communs par le propriétaire et le colon. Le maréchal-

taillandier et le maréchal-ferrant sont payés par
le colon seul.

ART. 68. — Tous les engrais étrangers sont payés
par moitié ; ils sont voiturés par les attelages de
l'exploitation aux frais seuls du colon qui va les
prendre aux lieux où la vente en est effectuée.

ART. 69. — Les pommes de terre et racines fourragères sont principalement destinées à l'alimenta-
tion du bétail ; toutefois, le colon a droit de pré-
lever les pommes de terre nécessaires au besoin de
son ménage, lors même que le propriétaire n'en
prendrait pas pour sa consommation.

ART. 70. — A moins de conventions spéciales
dûment établies, il est fait à l'expiration du bail à
colonage partiaire deux lots égaux du bétail garnissant la métairie ; ces lots sont tirés au sort entre le propriétaire et le colon.

Le colon ayant droit à sa part en nature des
bestiaux de la métairie peut refuser l'offre du propriétaire de les y laisser moyennant une indemnité.

Toutefois si lors de l'entrée en jouissance du
colon, le propriétaire avait fourni des bestiaux de
son choix, les animaux se trouvant à la sortie
devraient rester sur la métairie comme ayant été
attachés à l'exploitation. Dans ce dernier cas, la
moitié de la valeur des animaux serait payée au
colon.

Le colon qui garde ou emploie à son usage la
part revenant au propriétaire dans le prix des
animaux et des fruits de la métairie est considéré
comme ayant commis un abus de confiance.

Chapitre IV

USAGES APPLICABLES AUX PIÈCES VOLANTES

ART. 71. — Les pièces volantes sont celles qui ne dépendent pas d'un corps de ferme ; elles ne sont louées que pour une année.

Le congé doit être signifié dix mois avant l'expiration de l'année de jouissance.

Le fermier les cultive comme bon lui semble, sans pouvoir cependant changer leur nature. Elles doivent être fumées dans la même proportion que les terres dépendant d'un corps de ferme.

ART. 72. — Elles doivent être libres au moment de la sortie du fermier.

ART. 73. — Le fermier peut disposer comme bon lui semble, des foins, pailles et produits quelconques qu'il peut en retirer, même dans la dernière année de jouissance.

Toutes les pièces volantes cultivées avec un corps de ferme sont présumées fumées aux dépens de celui-ci et le fermier doit laisser à la ferme les foins et pailles qu'il retire de ces pièces.

Chapitre V

BOIS TAILLIS

Art. 74, — Les bois taillis, quelle que soit leur essence, sont coupés à six ans, à moins d'usage anciennement établi et suivi ; le fermier dans ce cas doit suivre l'aménagement ancien.

Art. 75. — Si le taillis dépend d'une ferme, le fermier ne peut réclamer d'indemnité pour les bois que leur âge n'a pas permis de couper.

Art. 76. — Les bois existant sur les haies des taillis sont coupés comme le taillis lui-même, et les haies et fossés sont réparés en même temps.

Art. 77. — Les bruyères et mort-bois ne doivent pas être coupés avant le taillis; les feuilles, gazons, glands et faînes ne doivent jamais être enlevés.

Art. 78. — Le fermier ne peut mettre des bestiaux à paître dans les bois taillis, sans l'autorisation expresse du propriétaire.

Art. 79. — Il doit être conservé trente-cinq baliveaux par hectare choisis par le propriétaire et convenablement espacés sur l'ensemble de la coupe. Ne font point partie de ce nombre les élèves complantés sur les haies, lesquels doivent être conservés avec soin.

Art. 80. — Le propriétaire a toujours le droit,

dans les taillis ou dans les terrains réputés incultes, d'exploiter à son gré toute carrière ouverte ou à ouvrir, sans être tenu de payer à l'exploitant d'autre indemnité que celle qui pourrait lui être due pour privation de jouissance (évaluée suivant la qualité du sol) et dommages à sa culture par ladite exploitation.

Chapitre VI

LOUAGE DES DOMESTIQUES

ART. 81. — Le louage des domestiques est ordinairement d'un an ; cette date court généralement du premier Mars ; toutefois lorsqu'un d'eux entre après cette date, son service cesse au premier Mars suivant.

Les gages ne sont exigibles qu'à l'expiration de la durée du service, c'est-à-dire le premier Mars suivant la date de leur entrée. Si le maître fait des avances, il doit toujours garder au moins trois mois de gages comme garantie de l'exécution du contrat de la part de son domestique.

ART. 82. — La partie contractante qui sans motifs valables rompt le contrat de louage, paie à l'autre partie une indemnité égale au tiers du prix des gages pour le temps qui reste à courir, sauf s'il y a lieu, à faire prononcer des dommages-intérêts plus considérables par le Juge de Paix.

ART. 83. — Les arrhes ou deniers à Dieu ne font point partie du prix de louage, mais ils doivent être compris dans le calcul des indemnités ci-dessus.

La remise des arrhes ne dispense pas du paiement des indemnités.

L'excuse tirée du fait que le domestique se marie ou apprend un métier n'est pas admissible [1].

ART. 84. — Le contrat de louage est résilié de plein droit sans mise en demeure, lorsque le domestique cesse de travailler, savoir :

Pendant un mois pour cause de maladie.

Pendant cinq jours pour tous motifs autres que ceux prévus par la loi.

Les journées de chômage du domestique sont remboursées au maître sur le pied du salaire du travailleur dans la saison ou le chômage s'est produit.

ART. 85. — Si le fermier cesse son exploitation avant que l'année de louage soit révolue, il doit une indemnité au domestique qu'il n'aurait pas prévenu au moment du contrat, ou qui ne resterait pas au service du nouveau fermier.

ART. 86. — Si le successeur est héritier du fermier décédé ou son conjoint, la convention du louage n'est pas modifiée.

---

(1) Suivant l'ancien usage de la province du Maine, les serviteurs ne perdaient pas, avec raison, leurs gages quand ils se mariaient et leurs maîtres devaient les payer jusqu'au jour de leur sortie. « Mort « et mariage, disait-on, rompent tous engagements. En France, les « serviteurs ne sont point des esclaves ».

Chapitre VII

Locations verbales des maisons, appartements, bâtiments quelconques et jardins

ART. 87. — Les locations verbales des maisons, appartements, bâtiments quelconques et jardins, prennent fin par un congé donné :

1° Trois mois à l'avance, lorsque le loyer ne dépasse point cent francs ;

2° Six mois, si le prix de la location est supérieur à cette somme.

Les loyers se paient par semestre.

Les réparations locatives doivent être faites avant la sortie du locataire à peine de dommages-intérêts.

Le texte des Usages est signé :

Le Président de la Commission,

R BERNARDEAU.

Le Secrétaire de la Commission,

A. JANVIER.

ADDITION AUX USAGES

Le 13 Mars 1905, la Commission de l'Arrondissement de Mayenne, chargée de codifier des Usages ruraux, se réunit à Mayenne, au Palais de Justice, sous la présidence de M. BERNARDEAU, Président du Tribunal Civil, pour examiner les avis qui ont été émis par les Comices et Syndicats agricoles sur les modifications à apporter aux Usages ruraux de l'Arrondissement.

Sont présents :

Messieurs,

PEIGNÉ, *Procureur de la République à Mayenne.*
JANVIER, *Conseiller général du canton de Bais.*
LEBLANC, *Conseiller général du canton du Horps.*
BIDAULT, *Président du Comice agricole de Mayenne.*
COIGNARD, *Directeur de l'Ecole d'agriculture de Beauchêne.*
BANSAIS, *expert à Larchamp.*

Et les Juges de Paix d'Ambrières, Bais, Couptrain, Le Horps, Mayenne-Est, Mayenne-Ouest, Pré-en-Pail, Villaines-la-Juhel.

Après lecture des délibérations envoyées par les Comices et Syndicats et dont chacune est l'objet d'un examen spécial, la Commission prenant en considération deux des propositions qui ont été faites, déclare à l'unanimité qu'il convient d'ajouter :

1ent. — A l'article 8 la règle ci-après : « Le fermier ne peut cultiver de terres étrangères à son exploitation, même celles qui lui appartiennent, sans le consentement exprès et par écrit du propriétaire ».

2ent. — A l'article 36, la prescription suivante : « Lors du battage des grains la paille, à la sortie de la machine, doit être secouée et rangée par le fermier sortant, puis mise en barge par le fermier entrant ».

Documents antérieurs concernant les Usages ruraux dans l'arrondissement de Mayenne

Décisions de la Barre ducale de Mayenne du 25 novembre 1776, relatives à la tacite reconduction et aux congés.

Arrêté de l'Administration centrale du Département de la Mayenne du 21 floréal an VII (10 Mai 1799).

Arrêté préfectoral de la Mayenne du 30 Nivôse an IX (20 Janvier 1800).

Arrêté préfectoral de la Mayenne du 4 avril 1855.

Procès-verbaux des Commissions cantonales de l'arrondissement de Mayenne qui, en exécution de l'Arrêté préfectoral du 4 avril 1855, furent rédigés et signés à :
Ambrières, *par* Bourdon, *président.*
Bais, *par* Lecureul, *président,* Huberson, *secrétaire, le 19 juin 1855.*
Couptrain, *par* Niobé, *président.*
Ernée, *par* Gougis, *président,* J.-M. Picot de Vahais, G. Trippier, E. Renault-Morlière *et* Cornuau, *le 3 juillet 1855.*
Gorron, *par* Forton, *président,* Trippier, *secrétaire, le 18 juin 1855.*
Le Horps, *par* Godde, *président,* Fortin, Tirot, Pichot de la Graverie, L. Renault et Leblanc, *le 3 mai 1855.*
Landivy, *par* Turmeau, *président,* P. Letourneur, Hamard, M. Ouvrard, Hossard et Le Dauphin-Dubourg, *le 2 mai 1855.*
Lassay, *par* Trippier-Laubrière, *président.*

Mayenne-Est et Mayenne-Ouest, par C. Le Marchand, Châtelain, *juges de paix,* Benoiste et Girard.

Pré-en-Pail, par Mérille, *président,* Chapelain, *secrétaire,* Forton *et* Delelée, *le 28 juin 1855.*

Villaines-la-Juhel, par Jardin, *président,* Girard, *secrétaire,* Sorieul, Lemoine *et* Daugeard, *le 20 avril 1855.*

Usages ruraux de l'Arrondissement de Mayenne, portant la date du 15 Janvier 1856, signés Moricière et A. Coignard, adoptés le 12 Juin 1858 par la Commission centrale instituée par arrêté préfectoral du 5 Septembre 1855. Cette Commission était composée de : Ledauphin-Dubourg, P. Gasté, Mottier, Moricière, Vilfeu, Coignard, Le Lasseux et L. Segretain (Mayenne, Imprimerie Derenne, 90, Grande-Rue, 1869).

Usages ruraux adoptés par la Société d'agriculture de l'arrondissement de Mayenne. (Galbrun, imprimeur à Mayenne, rue Nouvelle-Traverse, 1864.

Usages ruraux adoptés par la Société d'agriculture de l'arrondissement de Mayenne, le 28 Novembre 1880, signés Lasnier, *président,* Pellouin, *secrétaire* (Mayenne, Poirier-Bealu, libraire-éditeur, 90, Grande-Rue, 1880).

Jugement du Tribunal civil de Mayenne, du 22 décembre 1881.

Usages ruraux applicables à tout l'arrondissement de Mayenne, rédigés par une commission d'experts (Imprimerie F. Bouly, 36, Grande-Rue, Mayenne, 1898).

———

TABLE DES MATIÈRES

CULTIVATEURS

Achetez le CARNET SPÉCIAL pour Vente de CHEVAUX

Contenant 30 Bulletins de Vente.
10 Billets de Retour sans frais.
10   id.   de Décharge.

Le Carnet, **1** fr. **25** par poste contre **1** fr. **40** en mandat ou timbres

---

CARNETS DE PAYE

Par Quinzaine pour 6 mois

Indispensable pour toute personne ayant une assurance sur les accidents

PRIX : **0** fr. **50**, par poste : **0** fr. **55**

Carnet de double pour Vente et d'Achat

POUR TOUT COMMERCE

Le Carnet de 100 feuilles pour 50 Achats ou Vente
1 fr. **25**, par poste, contre **1** fr. **40**

NOTA. — Bien spécifier si l'on désire un carnet pour Vente ou pour Achat

---

En vente à la Librairie POIRIER FRÈRES, à Mayenne

Mayenne, Impr. POIRIER FRÈRES.

AVIS IMPORTANT

Il est nécessaire d'insérer dans les baux la clause suivante, pour éviter toute contestation ultérieure :

« Pour tout ce qui n'est pas prévu au « présent bail les parties déclarent : « 1° S'en référer aux usages ruraux, « adoptés le 17 Juin 1901, par la Com- « mission de l'arrondissement de Mayen- « ne nommée par M. le Préfet ; 2° bien « connaître ces usages dont ils ont « entendu lecture. Un exemplaire en a « été remis au preneur, qui le recon- « naît ».

La remise de l'exemplaire doit être faite effectivement par le bailleur au preneur, lors de la signature de l'acte, qu'il soit notarié ou sous signatures privées.